mb = 1/2 √(2a²+2c²−b²)
O₂
H₂O
P = 3/V
y = a(x−b)²+c
S
N
A
B
C

$mb = \frac{1}{2}\sqrt{2a^2+2c^2-b^2}$
a^2+b
O_2
H_2O
$P = \frac{3}{V}$
$y = a(x-b)2+C$
S
N
A
B
C

用心理學啟發學習力

轉個念，解鎖學習密碼

蔡宇哲、潘怡格◎著

作者序

轉念，透過心理學
讓你發現不同選擇

哇賽心理學創辦人兼總編輯　蔡宇哲

不知不覺寫心理學科普文也持續了十年，一開始單純是想要分享心理學知識，久了以後就開始在想：知道了這些知識又能如何呢？這也是許多心理系學生心中的疑惑。心理學不僅是知識，幫助人能夠更瞭解自己，更進一步的是能讓人看見不同選擇，進而找到適合自己的方法。

一般常說的「轉念」，並不是硬逼人把想法從錯的那邊改成對的，而是引導人發現不同的選擇。人們的想法與感受常常是從個人經驗出發，有時經驗到壞的感受時就會低落、對生活產生嫌惡感，但這是可以轉變的。

以我自身的經驗為例，我在開始練習跑步時，常會沿著河岸跑，那段路線風景怡人，唯一的缺點是在經過路口時，可能會遇到紅燈需要停下。跑到一半被迫中斷的感覺不太好，因此很厭惡跑步時遇到紅燈；但某一次突然轉變了想法，覺得等紅燈是可以停下來短暫休息的時刻，之後就變成喜歡跑步時遇到紅燈了。同樣的事件，當你用不同的角度去看待時，可能就會獲得不同的感受。

為什麼心理學能幫人看見不同選擇呢？人要可以從自己的想法、框架裡跳脫出來並不是件容易的事，有個外在提醒的出現會是比較好的契機，而心理學正是專門針對人的想法與感受再做各種研究的學問，自然可以從很多內容當中獲得啟發。

像是書中提到透過正念的方式來洗碗，可以讓原本不太願意做、無聊的任務，搖身一變成為可以紓壓的行為。我自己當初看到這個說法時也是有種醍醐灌頂感，雖然並不是從此愛上洗碗，但在進行一些生活上的無聊任務時，總是會想到可以透過不同感官的體驗，來讓生活中增添樂趣。

此書出版時我大女兒已經小學二年級，快要能夠自己閱讀這本書了。不少家長在孩子上學後，都會相當關注學習這一塊，當然我也不例外。不過我對孩子的學習期許，並不單純在學業上的，而是希望可以在生活中有各式各樣的發現。好奇是人性，也是讓人成長的最佳原動力。當你可以在生活中處處都有新發現，自然會對生活保持好奇心，而這樣的心態當然也會展現在課業上。

透過心理學發現生活中的多元，保持開放與好奇心，這是我希望孩子培養的「聰明學習」。

目錄

目錄

PART 5

轉個念，生活學習更自在

H2O
O2

O2
a2+b2

PART 1

負能量ＯＵＴ！

你今天也拖延了嗎？

拖延，像是一種詛咒，不僅會導致我們生產力下降，
還會產生各種心理上折磨。

在迎接新年或新學期開始前，我們會對自己有新的期許與目標，但隨著時間流逝，這些原本信誓旦旦要做到的事情，大部分都沒有進度，最常見的原因，就是自己無法實踐承諾。為什麼我們總是無法準時完成預訂任務，「**明天再做**」永遠都是更吸引人的選項呢？

拖延的原因

拖延，像是一種詛咒，一種看似簡單卻代價不低的詛咒，因為拖延不僅會導致我們生產力下降，還會產生各種心理上折磨。我們到底該怎麼避免拖延呢？心理學家提出了建議：「**盡可能讓任務變得明確具體，可以有效減緩拖延**。」

要避免拖延，就得先認識可能造成拖延的幾個原因。首先，我們可能擔心失敗的後果，因此不願開始採取行動，拖延就像一種保護機制，讓自己免於遭受實際失敗的威脅，正所謂「**不做就不會犯錯**」。

再來，過度完美主義也是可能的原因，太過要求完美的人容易延遲任務進度，因為他們必須確定自己可以完美達成目標。這有點類似「**害怕失敗**」的概念，但除了擔心自己無法成功之外，完美主義者更擔心無法達到自己的高標準。

另一個原因是缺乏足夠的精力，若是你睡眠不足、飲食不佳而感到疲倦，就算心理上有意願採取行動，生理上卻無法支持你完成任務；最後一個原因比較特別，有人把拖延當作增添生活戲劇性的一種手段，當事情拖到最後一刻，會讓他們腎上腺素激增，他們可能享受及時完成任務所產生的興奮感。

人們怎麼看待任務？

我們該如何避免拖延呢？德國心理學研究者肖恩・麥克萊（Sean McCrea）發現人們對任務的看法與拖延之間是有關聯的，搞清楚其中的關聯，或許可以幫助人們克服拖延。

例如與必須趕緊完成的任務相比，距離完成期限還有一段時間的任務，通常感覺更抽象、不明確。也就是說，在接近完成期限時，人們比較會開始思考任務的細節，包括完成所需條件、執行環境、所需能力等。

如何思考任務 vs. 拖延關聯 小實驗

德國心理學研究者肖恩・麥克萊很好奇，如果人們一開始就具體思考任務的細節，是否比較不會產生拖延的情況呢？

為探索其中關聯，研究團隊邀請三十四位參與者進行實驗，參與者會收到一份任務清單，而這些任務大多都是他們原本生活不常做的簡單任務，像是開設銀行帳戶、寫日記等，然後，他們必須在三週內透過電子郵件回覆完成進度給研究者。

◆進行方式

在執行任務之前，參與者被分成「**抽象組**」與「**具體組**」。抽象組必須寫下兩句話來描述每項任務所隱含的特徵，例如什麼樣的人有銀行帳戶；具體組則必須寫下兩句話來描述每項活動的進行方式，例如去哪間銀行、與銀行職員交談並填寫表格的情況。

接下來，研究者就等待並記錄參與者回傳完成任務的時間，以分析兩組之間是否存在差異。

◆實驗結果

結果發現，抽象組的人更容易拖拖拉拉，甚至根本沒有回報進度；相比之下，具體組的人更有效率的回覆電子郵件，代表他們更傾向執行任務，而不是拖延任務。

這就表示當任務變得清晰可見、不再是那麼遙不可及時，人們通常更有意願完成任務；也就是說，僅僅只是讓參與者以更具體的方式來思考任務，便能有效減少拖延情況。

心理學堂

減少拖延有妙招

因此，下次立定目標時，記得要思考一下完成目標的過程與方法，想得愈具體愈好，這樣一來，達成目標的機率才會更高。

除了讓任務變得具體可行之外，也可嘗試其他方法來降低「拖延」發生的機率，例如當你因恐懼或厭惡而不願翻開課本時，再盯著課本發呆也沒用，只會讓心情變得焦慮，較好的解決方案是先休息十分鐘，進行輕鬆的活動轉移注意力，或者調整自己的心態，告訴自己就算是失敗，也能從錯誤中學習。

放眼長期的未來，要維持自律，有賴更健康的生活方式，像是規律的作息、飲食與運動，這樣才能讓自己精力充沛，足以

完成任務。當然，最重要的是要先了解自己，找出自己拖延的
原因，接著採取適當的措施克服問題，生活才能更加充實喔！

情緒影響了汗水！

或許我們掩蓋得了緊張情緒，
卻無法控制汗液偷偷的將真實情緒洩露出去的狀況。

流汗是一件稀鬆平常的事，尤其生活在臺灣潮溼悶熱的氣候，光是出門就足以令人汗流浹背，若是在戶外運動三十分鐘，身體可能會揮汗如雨。不少人因為流汗會帶來臭味、黏膩感而討厭流汗，恨不得整天待在冷氣房，一點汗液都不要有，然而，汗液卻對人體很重要，幫助我們調節體溫。不過，你知道嗎？汗液除了幫助你調節體溫外，它也會悄悄的將你的情緒傳遞出去喔！

汗液和情緒的關係

乍聽之下，流汗似乎容易讓人有比較負面的聯想，像是汗臭、溼黏感，但其實汗液也可能帶來正面的連結喔！荷蘭心理學研究者賈斯珀．德格魯特（Jasper de Groot）做了一個有趣的實驗，結果發現：「**除了負向情緒外，汗水的氣味也可以傳遞像快樂一樣的正向情緒。**」

首先，先來了解流汗的原因，最常見的因素，就是因為天氣悶熱或運動後，身體為了散熱而排出汗液；另一個原因為吃了辛辣食物，嘴巴周圍及臉部汗腺神經受到刺激，導致額頭、鼻頭瘋狂冒汗。

除了氣溫、運動、辛辣食物之外，身體也會隨著我們不同的情緒反應而產生汗液喔！相信你一定曾經因為一些令人緊張的情境，像是觀看刺激的運動比賽或是需要上臺對著觀眾演講，手心、腳底都會不自覺的冒出汗，以及在遇到沒有心理準備的驚恐事件，我們也會因為恐懼而被嚇出一身冷汗，例如，被恐怖片的驚悚橋段嚇得魂飛魄散、被睡夢中的噩夢驚醒、被突然衝出的路人嚇到而差點出車禍。

汗味與情緒奧祕 小實驗

研究者為了瞭解汗液與情緒的關係，招募十二位健康男性提供汗液樣本，他們皆未吸煙或服用藥物，也未被診斷出心理障礙，並被禁止在研究期間食用會產生臭味的食物及過度運動。

◆進行方式

這些汗液捐贈者進入實驗室後，必需換上一件乾淨的T恤，並放置一塊汗水吸收墊，接著坐下來觀看會引發不同情緒的影片，分別有恐懼、快樂與中性三種。看完影片後，將汗水吸收墊取出，並儲存在小瓶子中。

接下來，研究者邀請三十六位白人女性對這些汗味進行判斷，因為他們認為女性的嗅覺較好，對情緒信號更敏感。女性受試者坐在椅子上，嗅聞不同情緒（恐懼、快樂、中性）的汗味樣品小瓶子，每種樣本測試後會休息五分鐘，以免氣味混淆。在實驗過程中，受試者未被告知每個樣本是代表哪種情緒，只是單純嗅聞氣味。

◆**實驗結果**

實驗結果發現，雖然女性受試者不認為汗味會因情緒不同產生差異，但嗅聞到「**恐懼**」的汗味時，與恐懼相關的臉部肌肉會表現出較大的活動；聞到「**快樂**」的汗味時，也表現出更多與笑容相關的面部肌肉活動。這表示氣味所傳遞的訊息雖然微弱，以至於難以被人們察覺，但身體與臉部表情還是會產生一些反應。

聽完這有趣的實驗，你是不是更了解汗液的神奇之處呢？過去，我們總以為只有表情、肢體、語言，才能傳遞情緒，沒想到汗液也會釋放我們情緒的信號，真是讓人不禁驚呼人類身體的奧祕！當我們認為自己已經透過控制表情或肢體語言來掩蓋緊張的情緒了，卻不知道汗液已經偷偷的將真實的情緒洩露出去。

心理學堂

汗水的訊息

我們沒辦法完全掌控自己的情緒，以及何時要流汗，不過，卻能透過運動產生快樂的汗水。運動有助於我們產生正面情緒，紓解生活中的壓力，並有益身體健康。運動後大汗淋漓暢快，負面情緒似乎都跟著汗水一起排出體外，頭腦的思緒也變得清晰！

另一個方法，就是跟朋友一起觀看有趣好笑的影片，或是參加有趣的活動，讓自己可以在過程中開心大笑，最好是能夠笑得累到出汗，大家總說笑聲會傳染，這個實驗近一步讓我們知道，汗液也會將我們快樂的情緒傳遞出去。

洗碗也可以紓壓！

透過正念練習，讓日常生活行為帶來正向情緒。

在忙碌的一天中，總是要有點放鬆的時間，你通常會做什麼事情來讓自己放鬆呢？滑手機、運動、吃美食都是常見方式，但身心放鬆與否的定義，並不是根據活動種類，而是根據你的心，以及專注的程度。

「正念」家事放鬆法

換句話說，某些生活中原本就要做的家事，也可以變成一種放鬆的活動，例如很多人都覺得「**洗碗**」是一件苦差事，但只要用對方法，洗碗也可以讓人舒緩放鬆，其中的關鍵就是「**正念**」！

「**正念**」並不是指正向思考，「**正**」是正在、當下的意思，「**念**」是念頭、感受，因此正念是一種將注意力集中在當下情緒和思想的方法。

我們可以把正念的練習，和日常的活動緊密結合在一起，包括走路、交談、喝茶、洗衣服，甚至是洗澡。在練習正念的過程中，會增強感官對於情境細節的體驗，甚至是影響我們對時間的感知，以洗碗為例，豐富的感官體驗就有：水溫、清潔劑的氣味、碗的形狀和設計等。

正念洗碗 小實驗

心理學家亞當．漢利（Adam Hanley）對「**正念**」在生活上的實踐很感興趣，就以「了解洗碗習慣」的名義，邀請五十一位參與者分成兩組，請他們以「**正念**」和「一**般**」方式來洗碗，並測量他們的幸福感、正念程度及積極／消極情感，同時也調查洗碗本身有多大的樂趣。研究者想了解「**正念**」能否將原本不喜歡的工作，轉變成一件可以紓壓，甚至產生正向情緒的放鬆活動！

◆進行方式

正念組的洗碗方式怎麼進行呢？他們必須先閱讀以下這篇文章，之後大家會洗同一套碗盤。以下這段止念洗碗的文字提供給大家參考，下次洗碗時可以試試喔！

「在洗碗時，只能想著洗碗，這意味著在洗碗時，應該完全意識到自己正在洗碗。乍看之下這似乎有點愚蠢，為什麼要對一件簡單的事情施加如此大的壓力？但這正是重點。

我站在這裡洗碗是一件不可思議的事情，因為我完全是我自己，意識到自己的存在，意識到自己的思想和行動。如果在洗碗時，我們只考慮其他想做的事情，匆忙洗完這些碗，好像洗碗是令人討厭的事情，那麼我們就不是為了洗碗而洗碗，我們要活在洗碗的當下。

實際上，如果我們不能洗碗，很有可能我們也不能喝茶。因為喝茶時，我們只會想到其他事情，幾乎感覺不到手中的杯子，因為我們深深被未來吸引，而無法活在當下的每一分鐘。」

另一組不是正念洗碗的人，讀到的文章則是教導正確、乾淨的洗碗方法，沒有任何跟正念相關的文字。

◆實驗結果

實驗結果發現，那些練習正念洗碗的人，所感受到的負面情緒（例如焦慮、緊張）程度減少百分之二十七，而正面情緒（例如心靈上的啟發）則增加百分之二十五，一般組則沒有明顯的改變。

也就是說，就算是洗碗這種讓人不想做的日常家事，只要透過正念的原則來練習，就可以降低討厭的感覺，提高當下的正面情緒喔！

心理學堂

練習正念小撇步

前述研究讓我們知道，正念的練習並不是一定要靜坐或在某個安靜的地方進行，重點是如何將自己的注意力放在當下的行為，在過程中感受自己的意識與知覺——只要遵守這個原則，很多日常生活行為都可以帶來正向情緒喔！

以下是一些方法，讓你練習怎麼專注於當下：

1. 放空十分鐘：我們每天都被大量訊息淹沒，你曾經試過一段時間不傳簡訊、不說話，也不思考嗎？其實，每天只要花十分鐘，單純感覺當下情緒與思維，就有助於清空腦袋，感受到更深層的專注、平靜，以緩解生活中的焦慮。

2.正念行走：你平常走路時，是不是會低頭滑手機或跟人聊天？下次有機會不妨試著找一個安全的地方，像公園或家裡，專注感受於自己的行走過程，例如雙腳交錯踩踏在地面的感覺、手臂與肩膀隨著走路擺動的情況、呼吸的變化等。練習專注感受身體每一瞬間的變化，讓自己的身與心結合在一起，有助於釋放壓力，變得更有抗壓性喔！

維持幸福社交距離的祕訣

人際關係中，義務關係的輕重程度，會明顯影響人們的互動與幸福感！

因為新冠肺炎流行，「**保持社交距離**」成為近年大家最常討論的議題。保持社交距離的目的在於，藉由與其他人保持一定距離，以阻止傳染病傳播，這也讓人際互動發生變化——但到底是產生什麼變化呢？

義務大小有關係

在社交距離的政策下，大家會更依賴自己最熟悉的家人及朋友，需要與之互動、聯繫，讓自己在不安的疫情中維持安定。

在人際關係中，互動是很重要的環節，但其中有一個影響互動情形的關鍵因素，那就是「**義務**」，例如朋友需要幫忙時，我有義務去幫他嗎？又要怎麼幫忙呢？義務是一種責任，從最簡單的口頭關心到最投入的兩肋插刀，程度不一。

可別小看這些大大小小的義務，不僅維繫著彼此關係，也影響了人們的幸福感——當義務太大時，我們會感受到壓力；但義務太小甚至是覺得沒有義務時，我們可能就會覺得這段關係無關緊要。我們到底該如何取得平衡點，以維持良好的人際關係呢？

義務與人際關係 小實驗

心理學家威廉．喬皮克（William Chopik）與吳智媛（Jeewon Oh）想研究「義務」為人際關係帶來的影響，因此邀請七千多位參與者參與研究，並持續追蹤長達十年以上。

◆進行方式

參與者必須先填寫一系列問卷，探索義務對人際關係和幸福感的影響，包括義務、生活滿意度、憂鬱程度、人際關係品質評估。其中，義務的評估方式，是針對八種情境來評估自己對於小孩、朋友、父母、配偶有多強烈的義務感，例如打電話給朋友、拜訪父母；生活滿意度的部分，參與者必須針對他們的生活、工作、健康、與家人的關係，進行總體滿意度評分。

至於憂鬱程度，參與者必須回顧過去一年中，是否出現情緒低落、食慾不振、精力低落等症狀；人際關係品質評估方法，主要是評估來自伴侶、家人和朋友的支持和壓力，例如如果遇到嚴重問題，你可以多依賴他們給予的幫助、他們批評你的頻率為何。

◆實驗結果

結果發現，義務的輕重程度會明顯影響人際關係的互動與幸福感——輕度的義務是指輕鬆的日常活動，例如定期給父母打電話聊天、跟朋友不定期約聚會等；而重度的義務則可能涉及重大的承諾，而且會對個人生活產生長久影響，例如收養朋友的小孩、照顧臥床親人等。

心理學堂

維持人際關係小撇步

義務為人際關係帶來正面與負面影響，這提醒我們必須在人際互動中找到平衡點。輕度的義務使人們感覺更好、更快樂，並使人際關係更加牢固；但若把別人對自己做的事都當成理所當然，或者是用感情做為條件要求他人協助，這就是一種「情緒勒索」，會損害人際關係。

「互惠原則」是維持人際關係的催化劑，彼此都需要一起投入這段關係，並且互相付出；當彼此關係夠緊密時，人們甚至感覺不到義務的存在，那些不經意為對方做的小事，都會在無形中增強彼此間的連結。

因此，不管是家人或朋友提供的協助，像是媽媽煮飯給大家吃，可別都覺得是應該的。要記得表達一下自己的謝意，可以的話，也該投入心力幫忙做家事，這樣一來，就可以維持心靈與人際的社交距離喔！

PART 2

拋開小煩惱，生活不卡彈

「戰鬥服」提升專業戰鬥力！

穿上具有代表性意義的衣服，可以提升自信心，
同時工作能力也可能因此提升。

在生活中，許多職業都有特定服裝，像空服員、醫事人員、銀行專員等。從業人員穿上制服，除了有識別功能，讓民眾一眼就可以辨識出他們的身分之外，這些特定服裝是否還有其他特別的心理功能呢？

白袍的神奇威力

當大家看到穿著白袍的醫師時，通常會覺得他看起來就是很專業、很權威，能力一定很好。就連在電視或平面廣告，看到有人穿著白袍介紹保健食品或醫藥產品時，雖然不知道對方是不是真的醫生，但總是會產生某種程度的信任感，這就是特定服裝帶來的專業印象。

其實，白袍的神奇之處不僅於此，對於穿著白袍的人來說，會產生一種很特別的心理功能，那就是自信心增加，甚至可以提升一點專業能力，就連不是醫生的人穿上白袍，也會產生一股「**我好像變厲害**」的感覺喔！

白袍與專業能力 小實驗

西北大學的研究者哈霍．亞當（Hajo Adam）與亞當．加林斯基（Adam D. Galinsky）想要知道，若學生穿上醫師白袍，會不會讓他們感覺自信提高，甚至能力變好。

◆進行方式

研究者邀請四十八位大學生到實驗室參與研究，所有人隨機分成兩組，一組必須穿上白袍，研究者也會說明先前來實驗室學習的人，都需穿著這襲白袍；另一組則是穿著自己的衣服，並未穿白袍。

所有受試者都要做一些注意力的作業，這是關於「**衝突控制能力**」的測試，了解人們是否可以控制住自己在第一時間的錯誤反應。

◆實驗結果

結果發現，穿著白袍組的注意力測試結果較好，整體實驗過程中，更為謹慎專注，比較不會犯錯。

白袍為什麼能提升能力？

這也太神奇了，多穿一件白袍表現就會比較好，這是因為穿上白袍後，大家會想像自己是個專注、謹慎的研究者嗎？但有沒有可能是因為多穿一件白袍，所以身體比較溫暖，導致能力提升呢？為了解開這個謎團，研究者又進行第二個實驗。

研究者找來七十四位大學生，隨機分成三組：

第一組穿上白袍，並被告知這是醫生穿的衣服。

第二組只看到白袍，但未穿上，也被告知這是醫生穿的。

第三組則是穿上白袍，但被告知這是畫家穿的，而不是醫生的白袍。

所有人也都進行跟第一個實驗一樣的注意力測驗。

結果發現，穿著「**醫生白袍**」的那組人，表現明顯比穿著「**畫家白袍**」的那組還好，也比「**只看到白袍，但未穿上**」的那組好。

衣服的特殊意義

也就是說，雖然是穿同一件白袍，但若參與者認為這件白袍是醫生穿的，可能會覺得自己應該是很專注謹慎的人，因此表現會比較好；但若覺得是畫家穿的，就沒有這個效果。

這顯然不是因為穿上白袍，身體感到較溫暖，所以表現較好。受試者表現結果較好，關鍵在於：這件衣服有什麼特性。如果他們以為身上的白袍是醫生穿的，由於醫生給人專業、厲害的印象，因此連帶會認為自己身上的白袍也有這些特性；當他們穿上後，自信心提高，這樣的心理狀態也反應在行為上。

這項研究顯示，只要穿上具有代表性意義的衣服，隨著自信心提升，能力就有可能因此提升。換句話說，所謂的「**戰鬥服**」是真有其意義，如果能有幾件具有特殊意義的服裝，在重要場合穿上的話，心情會比較穩定，自然也會有好表現喔！

心理學堂

提升自信小撇步

除了特殊意義的服裝之外，還有一些簡單的小祕訣，也可以讓人在緊要關頭穩定心情、提升自信喔！

1. 隨身攜帶有特殊意義的小物件：有些人會隨身攜帶一些特別的「護身符」或小物件，像是有特殊意義的筆、項鍊，甚至是廟裡求來的幸運符。有研究發現，無論這個隨身小物件是什麼，只要主人認為這是專屬於自己的幸運，那麼隨身攜帶就能提升一點自信心，甚至能讓表現好一點。但要記得，這幸運小物件必須是自己的，拿別人的是沒有用的。

2. 建立好表現的儀式行為：想要提升自信心，為自己設定一個簡單的儀式行為，也會有所助益，例如在重要的考試或日子，早上都固定喝牛奶或吃蘋果，上場前固定進行靜坐或禱告之類儀式。透過這種設定好的儀式行為，可讓自己的心情逐漸穩定下來，讓精神狀態集中，以因應重大挑戰。

水族館的神祕魅力

參觀水族館，會讓人在觀賞後，心理感受變得更好，不知不覺就會平靜下來。

你曾去過水族館嗎？每次踏進水族館，是不是總能感受到一股既陌生又吸引人的特別魅力，彷彿置身在另一個神祕國度，眼前的每個場景、每種生物都能讓人目不轉睛，甚至只是盯著魚兒游來游去，就可以看上好長一段時間？

水族館的正面影響

除了能夠讓人一窺海洋奧祕之外，水族館還有很神奇的心理效果，一項研究就發現：「**花時間觀賞魚缸或是水族館的生物，對人們的血壓和心律有正面影響，同時能幫助人們保持注意力並改善情緒。**」

我們都知道，親近大自然對身心健康有正面影響，雖然海洋是大自然的一部分，但我們對於海洋的影響不甚了解，畢竟人是活在陸地上的生物啊！

另外，海洋環境的組成非常複雜，要了解海洋會對人們產生什麼影響，必須有一個評估標準，因此科學家在進行研究前，得先思考一些問題，例如在沒有任何海洋生物的情況下，海水也會為人帶來正面影響嗎？有海洋生物又會對人們有什麼幫助呢？生物的數量及豐富程度不同也會有影響嗎？

水族館對人們產生影響 小實驗

科學家黛博拉・克拉克內爾（Deborah Cracknell）對於海洋環境會對人們產生哪些影響感到好奇，因此她在思考上述問題後，決定於海洋水族館進行研究。

◆進行方式

研究團隊透過一個五十五萬公升的大型水族箱（長十四點三公尺、寬六點二公尺、高六公尺）做為實驗工具，邀請一百一十一位來參訪海洋水族館的遊客成為參與者，接著按照水族箱中生物種類與數量，將參與者分成三組進行觀察與評估。

第一組無生物組：參與者看到的水族箱僅包含海水和人造裝飾（例如海帶、粉紅色珊瑚），用以模擬水下棲息地，其中沒有任何生物。

第二組部分生物組：參與者可在水族箱中看到約六種魚類（約六十隻）和兩種甲殼類動物（約十四隻）。

第三組豐富生物組：參與者可在水族箱中看到十九種魚類（約一百三十八隻）和三種甲殼類動物（約十三隻）。

研究人員會持續記錄參與者進入到離開展區的時間，了解他們停留觀賞的時間長短。

◆**實驗結果**

結果發現，物種豐富程度會影響人們在自然環境中的停留時間，也就是說，當水族箱裡物種愈豐富，人們停留的時間就愈長。這其實並不令人意外，畢竟可以看的東西愈多，自然會想停留久一點。

人們心理和生理如何變化？

那麼在參觀水族館過程中，人們的心理和生理又產生哪些變化呢？

科學家黛博拉．克拉克內爾研究團隊又邀來八十四位參與者，讓每個人都戴上心率與血壓紀錄器。

一開始，參與者必須先安靜坐著五分鐘，接著每個人都會看到前一個實驗中三組水族箱的其中一種，觀賞五分鐘後，窗簾就會被拉上，遮擋住視線。接著，透過參與者有看到／沒看到水族箱生物的狀態，來比較兩者差異，包括喜歡展覽的程度、覺得展覽有趣的程度、情緒感覺的程度、再次觀賞展覽的意願、願意花多少時間繼續觀賞此展覽。

結果發現，不管水族箱中有無生物，只要有看到水族箱的人都會覺得觀賞後心理感受變得更好，血壓跟心律也降低了，而生物的多寡與多樣性也部分提高參與者的心理狀態，這代表身處於水下環境對人們的心理狀態會產生正面影響。

心理學堂

到水族館走走吧！

儘管水族館並不是完全自然的環境，卻可在都市中提供我們接觸到海底生物的機會，感受大自然的多樣性及神祕魅力。

說到這裡，大家是否終於明白，為什麼在許多診所中可看到水族箱——這樣的設置，可讓患者在候診過程中感到平靜，並且舒緩他們的壓力。因此，當你感到壓力有點大又不知怎麼處理時，不妨到水族館走一走，看著那些優游自在的魚和緩慢飄移的水草，不知不覺就會平靜下來喔！

分心竟然也有好處

創造「心流」來分散注意力，可以暫時忘卻焦慮心情，反而能更專注、忘我喔！

每個人一定有過「**因期待而緊張**」的經驗，像是等待遲遲未知的成績而感到緊張、在醫院等待檢查結果而感到擔心、提出申請後每天打開郵件確認自己有沒有被錄取等。這樣的等待過程，會使人們像熱鍋上的螞蟻一樣焦慮不安，因為不知道自己將要面對什麼樣的結果。

分心讓等待不難熬

面對這種不確定性引起的負面情緒，你通常怎麼應對呢？很多人都會建議要放鬆，不要想任何事，但這不見得是最佳策略。一項研究發現：「**適當的分心可以改善等待不確定性事物所引起的負面情緒。**」

在等待結果的過程會感到焦慮、緊張，主要是因為注意力都放在未知結果——不過，除了等待之外，我們也別無他法，所以舒緩焦慮最好的選擇就是「**分散注意力**」。

顧名思義，分散注意力就是將注意力集中在外部目標（如興趣、社交活動）或內部其他目標（如思考其他無關、令人愉悅的主題），來改變一個人目前的情緒體驗。

創造心流分散注意力

既然分散注意力可以調整情緒，但應該怎麼分散注意力比較有效呢？心理學家凱特．斯維尼（Kate Sweeny）發現，透過創造「**心流**」來分散注意力是一個不錯的方法！

心流是指我們在做某些事情時，感到全神貫注、投入忘我的狀態。當執行的任務具有挑戰性，且能匹配你的能力，便能幫助自己進入心流的狀態，創造高度學習或工作效率。

聽起來好像很高深莫測，那要怎麼創造這種高度專注狀態呢？研究者使用的方式很特別，而且應該有很多人會喜歡，那就是——打電動！

降低等待焦慮 小實驗

◆進行方式

心理學家凱特．斯維尼邀請二百九十位參與者，當他們進入實驗室時，會被告知這項研究是有關於外表吸引力。

參與者先填寫一份問卷後，必須拍攝一張個人照片，並被告知：「**有另一群學生會根據照片，評價他們的外表吸引力。**」接著，他們會被隨機分配到「**公開組**」與「**不公開組**」，公開組被告知自己將會收到評定結果，不公開組則被告知自己將不會收到評定結果。

在整個實驗中，雖然參與者被告知會由其他人評定外表吸引力，但實際上並不會，研究者只是藉此讓他們感到焦慮不安。

在等待評定結果的過程中，研究者會請他們玩十分鐘的俄羅斯方塊遊戲，遊戲依照難易程度分成不同級別，分別是簡單級、專注級、困難級。簡單級的程度可能會因為太簡單，使得參與者感到無聊；專注級的程度會隨著參與者的破關情形增加困難度，所以他們大多會全神貫注玩遊戲；困難級的程度會因為超過參與者的能力，讓他們感受到壓力。

在遊戲結束後，參與者必須填寫一系列問卷，內容包括專注程度、性格樂觀程度、擔憂程度、情緒狀態等。

◆實驗結果

結果發現，專注級的人比其他兩組負面情緒更少，而且也擁有更多正向情緒。也就是說，在等待過程中，若有一件事物能讓人全神貫注，那就可以暫時忘卻當時的焦慮心情，也可以讓自己感到愉悅。

善用興趣創造心流

在其他兩個實驗中，針對正在等待律師考試成績的法律系學生，以及等待工作面試結果的博士生進行調查，同樣也發現，若學生在等待過程中，曾經高度專注於其他事物時，他們的擔心程度及情緒都會比較和緩。

因此，電玩不見得絕無好處，它是一種可以快速又有效創造心流的工具，就像上述的例子，適度使用有其效果。不過，打電動也不是唯一的方法，大家都可按照自己的興趣，來幫助自己分散注意力，像是攀岩、下棋、游泳等活動。

心理學堂

紓壓注意事項看這裡

適當的休閒娛樂可以舒緩生活中的壓力，但要把握以下原則，才不會把紓壓當成逃避現實的藉口喔！

1. 創造心流經驗：有效分散注意力的方式，是在等待過程中創造心流，如果只是為了逃避現實而選擇一些無聊事物來打發時間，或是不斷設想可能發生的可怕後果來嚇自己，可能只會讓自己更有壓力，沒辦法靜下心來處理其他事情。當然，創造心流不是舒緩壓力的靈丹妙藥，若是在等待過程中感到極度焦慮，記得要適時請求老師或家人的協助唷！

2. 參與創造性活動：參與創造性活動可以幫助我們提高正向情緒，且比平常感到更加「心盛」。心盛是指人們對自己的生活感到有意義和目的性。創造性活動則包括繪畫、寫作（詩歌和短篇小說）、針織、製作新食譜等。若在等待結果過程中不知道該怎麼創造心流，參與創造性活動是你的另一項選擇——利用這段時間培養新興趣也不錯呀！

看電視劇改善人際關係

透過模擬劇中角色，來探索自己的內心世界，以培養人際互動所需要的信心，不過千萬別太投入喔！

你喜歡看電視劇或電影嗎？有沒有特別喜歡的角色呢？回想一下，你是否曾經把自己幻想成劇中的角色，或是曾經幻想這些劇情在現實生活中發生呢？一項研究發現，看電影或電視節目，可能對我們的人際關係有幫助，這是怎麼回事？

虛擬戲劇可演練社交互動

觀看電視劇和電影可讓人暫時脫離現實生活，讓我們想像處於不同人際互動關係之中會有些什麼狀況，但電視劇和電影的影響不僅止於此喔！劇中情節對我們的人際關係會產生潛移默化的影響，有研究就認為：「**透過觀看電影或電視劇，有矛盾型依附的人，可以演練合適的社交互動。**」

這裡所說的「**依附**」，來自心理學家約翰．鮑比（John Bowlby）提出的「**依附理論**」，主要是在描述嬰兒與母親的互動關係，認為童年時的依附關係，會影響長大後對人際關係與感情的處理方式。

你是哪一種依附風格？

◆焦慮與逃避

所謂的依附風格，主要是根據焦慮與逃避的程度來區分。「**焦慮**」是指會經常擔心失去一段關係，對於分離感到擔憂與焦慮；「**逃避**」是指會完全不願意與對方太過親近，會刻意疏遠對方、維持一定的距離，以避免太過親密。

◆依附的類型

依附風格根據焦慮與逃避程度，可分成四種類型：安全型（低焦慮、低逃避）、逃避型（低焦慮、高逃避）、焦慮型（高焦慮、低逃避）與矛盾型（高焦慮、高逃避）。

安全型的人，在人際關係中有安全感，能夠安心依賴別人與被依賴；**逃避型**的人，往往不想在情感上與他人過於緊密，親密的關係可能會讓他們感到不自在；**焦慮型**的人，對於人際關係沒有安全感，擔心自己被朋友拋棄，並渴望獲得他人的關注；**矛盾型**的人，既嚮往人際上的緊密關係，卻很難完全信任或依賴他人。

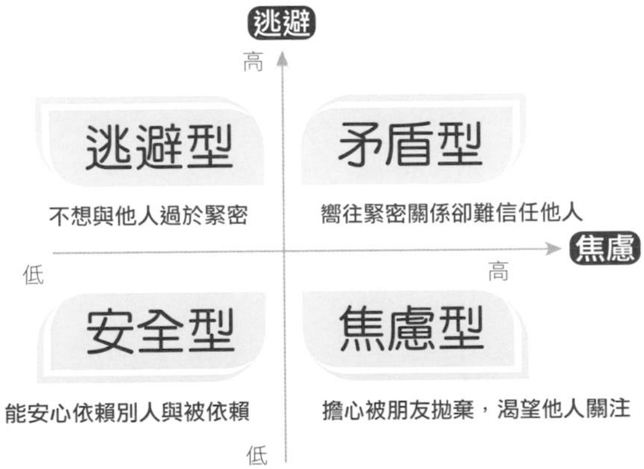

影視節目 vs. 依附問題 小實驗

除了安全型依附之外，其他三種不安全型依附的人，因為這些心理狀態，所以容易錯過一些重要的生活經歷，那該怎麼辦呢？傳播學家內森西爾弗（Nathan Silver）與邁克爾斯萊特（Michael Slater）研究團隊進行了研究。

◆進行方式

研究團隊邀請一千零三十九位成年人參與線上研究，想了解與電影和電視節目的互動，是否能幫助人們應對非安全型的依附問題。在研究過程中，研究者調查了參與者依附類型，以及與觀看的電影或電視節目互動情形。

◆實驗結果

結果發現，逃避型的人對於所觀看的劇情參與度較低，自己與角色之間的連結也不緊密；然而，高焦慮的人則比較容易投入劇情，尤其是矛盾型的人，例如他們有可能會說自己被帶入電影的世界、他們會想像如果劇中角色做出不同選擇會發生什麼事情，以及他們也會想像自己很了解劇中角色。

增進矛盾型人際關係

與焦慮型的人不同，矛盾型的人會同時充滿焦慮和逃避情緒，他們渴望在人際關係上獲得支持，但又由於自己會有逃避行為，因此也容易搞砸人際關係。電影和電視劇等虛擬故事世界，為這些有依附問題的人提供一個安全平臺，讓他們可以透過模擬劇中角色，來探索自己的內心世界，並培養人際互動所需要的信心。

例如當他們觀看喜歡的節目時，可以想像自己是劇中那位擁有良好人際關係的主角，同時虛擬世界讓他們不必擔心被拒絕，也有更多機會去模擬面對這些矛盾情緒，這可能也是為什麼高逃避、高焦慮的矛盾型，更容易用各種方式來融入劇情中。

心理學堂

適當投入與保留批判態度

若你是在人際關係中碰到挫折，或者發現自己對人際關係是很容易焦慮的人，不妨試著藉由投入劇中世界，來思考未來可能的應對方式。

例如透過分析劇中人物的角色關係，可以幫助我們更了解自己對人際關係的處理方式、同儕之間的情誼與鬥爭，並思考不同的應對方式，可能會產生哪些不同的結果。

當然，適當投入劇情即可，別太投入於追劇，而忽略現實生活中的社交互動。並且，對於劇情內容要保有批判性態度，像是有些偶像劇可能太過於戲劇化，角色不需付出努力或是亂發脾氣，仍可獲得所有人喜愛，這種不合理的情況，並不適合套用在現實生活中喔！

訂定帶來幸福的目標

可行性的目標，可以讓我們自信心得到提升，對生活會比較滿意，從而使未來的幸福感提高。

當暑假結束，新學期即將開始，你通常會用什麼方法來幫助自己收心呢？許多人會選擇訂定新的目標，但你會怎麼訂定目標呢？訂定目標的方法可是有祕訣的，若是訂得好的話，目標不只是個目標而已，還可以讓你變得更幸福喔！

訂定目標如何影響我們？

回想一下，你以前訂定過什麼目標呢？是訂定一個方向遠大的目標，例如成為模範生；還是訂定一個具體可行的目標，例如每天都看書三十分鐘？

其實在每個人生階段，通常會有不同的目標，這些目標帶來的影響，不僅是達成與否，還會和我們的行為與情緒息息相關。

當目標被實現，可以有效提升我們的生活滿意度；但相反的，若是重要的目標無法被實現，我們的不滿意程度也會大幅提升。

目標實現 vs. 幸福感 小實驗

巴塞爾大學心理學家珍妮娜・拉里莎・布勒（Janina Larissa Bühler）與團隊想要了解，人們的生活究竟是如何被這些目標所影響，因此邀請了從十八歲到九十二歲的九百七十三名參與者，進行為期四年的研究。

◆進行方式

在介紹研究前，先來了解一下目標種類吧！

研究者將生活目標分為十類，包括健康、社群、自我成長、社會關係、名望、形象、財富、家庭、工作、社會責任，接著請參與者填寫一系列問卷，請他們評估每種目標的重要性、可行性及幸福感，並且分別在兩年後、四年後再調查一次。

◆**實驗結果**

結果發現，**人們在各個年齡段中最看重的目標都不同，而且對目標的重視程度取決於該階段的發展任務**，例如年輕人對自我成長、工作、社會關係目標的重視程度較高；年齡愈大的參與者，對社群和健康的重視程度就愈高。

此外，不管年齡為何，設定一個具有可行性的目標，都是未來幸福感的重要指標；有趣的是，目標重要性與幸福感反倒沒有太大關聯。

這意味著，**當人們對生活有控制感、可以知道自己正朝著自己的目標前進時，他們會感到最滿意**——任何年齡都是如此。

切換目標小撇步

依照上述實驗結果，舉例來說，若我們把「**成為第一名**」訂定為重要目標，每天認真讀書，只為了實現目標，結果有可能無法盡如人意——人外有人、天外有天，我們總是會遇到比自己成績更好的人，要一直維持成績頂尖的地位，是非常困難的事情，換句話說，這個目標的可行性並不高。

因此，我們或許可以換個目標，例如期許自己可以每天固定念書幾小時；當我們投入心力，就有機會實現目標時，如此一來，我們對自己的生活會比較滿意，未來的幸福感也會提高。

不只如此，我們的自信心也能得到提升，確切知道自己是持續在努力的，不會因為成績有了些微變動而患得患失，長久下來，才能維持優秀的表現。

心理學堂

「目標可行性」最重要

訂定目標時必須平衡目標的重要性和可行性，如果無法兩者兼具時，請優先考量可行性。

除了切換目標外，你也可以試著將大目標切分成很多個具體的小目標，以增加可行性。例如你的大目標是想要擁有健康精瘦的身材，那小目標就可以是每天運動三十分鐘、避免吃高熱量的食物、均衡攝取營養、多喝水以促進新成代謝、培養固定的作息、與有共同目標的朋友交換心得等等。小目標讓大目標變得更具體實際，能幫助我們一步一步實現大目標。

雖然我們訂定的目標會因年齡而有所不同，但若能從「這些目標是否具有可行性」來優先考量的話，那麼不管是什麼年齡，就不是那麼重要了，畢竟目標要能夠具體實行，才能提升自己的幸福感，也才會有更多動力持續前進喔！

PART 3

生活小樂趣，提升學習力

啟動好奇心的祕訣

清楚知道自己還有許多不懂的事情，就能擁有更強烈的好奇心。

人人都有好奇心，這是引發學習的強大動機，但卻很少有人告訴我們該怎麼激起自己的好奇心。有人說，長大後就會漸漸失去好奇心；但我們也看到很多人是活到老、學到老，對很多事物仍充滿旺盛的好奇心。好奇心到底有什麼特性，我們又要怎麼啟動好奇心呢？

好奇心的特性

其實，好奇心就在你我身邊，而且還有個共通原則，那就是——**我們對以為自己知道，但實際上卻不如預料的事情，就會特別感到好奇喔！**

這是什麼意思呢？舉例來說，我們看電影或推理小說時，從劇情研判某人是凶手，並且深信不疑；可是，當結局公布謎底，我們發現自己完全錯誤，原來凶手是另外一個不起眼的角色時，通常會很不甘心，甚至把小說或電影從頭再看一次，想知道是哪裡漏掉細節，以至於自己沒有猜中正確凶手。這種「**因為想追究真相，所以回頭重看作品**」的舉動，就是好奇心所驅動的喔！

好奇心與學習動機 小實驗

心理學家雪琳・韋德（Shirlene Wade）和塞萊斯特・基德（Celeste Kidd），想知道好奇心與學習的關係，因此邀請八十七位參與者，利用一百題冷知識題目，進行大約一小時的線上測驗，題目內容包括「**誰發明了收音機？**」、「**夏威夷婦女曾被法律禁止吃哪兩種水果？**」、「**什麼是商店最容易失竊的書？**」、「**哪一個是歐洲的第二大島？**」、「**誰是第一位民主選舉的俄羅斯總統？**」。

◆進行方式

研究者將測驗分成三個階段：第一階段，參與者必須針對每個問題，選出一個他們認為最有可能的答案，然後評估自己的答案接近正確答案的程度（一到七分），以及他們對這道題目的好奇程度。回答完後，正確答案會顯示在螢幕上五秒鐘，然後，參與者會需要按照他們對正確答案的驚喜程度進行評分（一到七分）。第二階段，參與者需要對一些抽象的圖片表達他們的看法，這個任務實際上對實驗本身沒有關係，只是作為第一與第三階段間的緩衝任務。第三階段，參與者會看到與之前相同的一百題冷知識題目，按照同樣的順序出現，他們一樣必須選擇一個他們認為最有可能的答案。

◆實驗結果

結果發現，當參與者一開始認為自己答案愈接近正確答案時，會表現出愈高的好奇心，而展現出愈大好奇心的人，在第三階段答對問題的機率也愈高喔！研究者認為，這是因為參與者被激發出更高的學習動機，因而更記得那些問題的答案。

「一知半解」引發好奇

這個研究讓我們知道，對一件事的認識多寡，也是影響好奇心、啟動學習動機的重要因素。這或許也是很多人年紀愈大，好奇心就愈重，更加熱愛學習的原因——因為愈了解萬事萬物之後，會發現自己還有許多不懂的事情，因而擁有更強烈的好奇心。

從這一點來看，就算有一天變老，你也不用擔心自己會失去好奇心，因為我們對於知識的熱愛，不會隨著年齡增長而遞減，你依然會願意去探索新事物，只是讓你感到好奇的事物可能會不一樣而已。

心理學堂

善用好奇心小撇步

那我們要怎麼善用好奇心，幫助自己更有效率的學習呢？以下提供幾個建議：

1. **在接收資訊前**，先思考自己對主題有多少了解：課堂開始前，在不看課本或不聽老師講解前，先試著說出或記下自己對主題有多少理解，例如全球氣候暖化的原因是什麼？熱氣球的運作方式為何？二次世界大戰帶來哪些影響？當你意識到自己對這些事項只有部分了解，我們的好奇心便會受到刺激，用更加積極的心態去學習。

2.從自己有些涉獵的事物開始下手：好奇心是可以培養的，方法之一就是從有興趣或有接觸過的事物下手，例如想學習生物演化的概念，無需馬上就硬讀死背艱深的理論，可以從自己感到好奇的事物開始了解，像是電影《哥吉拉》，然後再慢慢連結一些相關的概念。當我們對一件事情有更多的了解，好奇心也會漸漸提升，自然而然就會想要進一步探索更多資訊與知識。

3.練習寫考題時，先寫下自己認為最有可能的答案，全部寫完後再回頭檢視：若回答正確，代表你的思考可能是正確的；但若回答錯誤，則能幫助你想要探究「為什麼」，啟動好奇心後，學習力自然就會加倍，千萬不要一開始就看解答喔！

動起來對大腦好處多多

運動，可提升大腦執行功能，不管對哪個年齡層都有效喔！

你有運動的習慣嗎？例如慢跑、騎腳踏車或游泳等。不少人都覺得自己生活忙碌，上課或上班就占掉大部分時間與精力，根本沒有餘力再去運動。不過，如果心理學家告訴你，花一點時間運動，能讓大腦運作更有效率，你會願意嘗試培養運動習慣嗎？

大腦執行功能與做事效率

一般來說，大家普遍都認為——運動就是讓身體變得更健康，但運動的好處可不只如此喔！

根據一項研究發現：「**定期進行有氧運動，有助於提高人們的大腦執行功能，而且不管是哪個年齡層，都可以見到明顯的效果，年紀愈大愈有幫助喔！**」

所謂的「**執行功能**」是什麼呢？簡單來說，是大腦執行一項任務的能力，也就是可以管理和控制人的工作記憶、注意力、決策、抽象思考等功能。

舉例來說，你能不能從一道數學題目想出不同的解法？你能不能在吵鬧環境下，集中精神思考並給出答案？你能不能從經驗中反思，而且在下次執行時改善？這些能力都與我們大腦的執行功能息息相關。

看到這裡你就可以知道，執行功能跟工作效率有很大的關係，功能愈好，效率自然就愈高。

運動 vs. 大腦執行功能 小實驗

心理學家雅科夫・斯特恩（Yaakov Stern）想知道運動對大腦執行功能是否有幫助，若有的話，又是在哪個年齡層比較有效。

因此，心理學家找來了一百三十二位二十歲至六十七歲的參與者，進行為期六個月的實驗。這些人在參與研究前並沒有運動習慣，身體健康狀況一般。

◆進行方式

研究者把參與者分成兩種運動組別：

第一組是**有氧運動組**，在接下來的六個月需要進行有氧運動，例如跑步、騎腳踏車等。

第二組則是**無氧運動組**，要進行的是六個月的無氧運動，例如拉筋、核心運動等。

這些參與者每週必須到健身中心進行四次運動，每次大約一小時。在實驗開始前、第三個月及第六個月，每位參與者都要進行執行功能的評估，並且在實驗開始前和結束時，接受掃描大腦的檢測。

◆實驗結果

結果發現，無論是哪一種運動，所有參與者左側大腦額葉區域的厚度都有所增加，這個腦區主要負責計畫、組織、解決問題、選擇性注意力，以及一些有關行為與情緒的高階認知功能。

也就是說，只要養成運動習慣，就會對大腦帶來很大的幫助，而且不管是哪個年齡層都有效果喔！

有氧運動和無氧運動的差異

在上述實驗中，心理學家雅科夫．斯特恩進一步區分兩種運動的差別，發現**有氧運動組在大腦執行功能的測試中**，**明顯比無氧運動組有更好的成效**，而且不管哪個年齡層都有相同結果，換句話說，這是個滿穩定的現象。

另外，若以大腦執行功能與年齡關係來推估，四十歲受試者的大腦執行功能就像是三十歲，年輕了十歲左右，而六十歲的人更是年輕了約二十歲喔！

因此，別再擔憂書讀不完、工作做不完而不去運動，因為運動會讓大腦更健康、靈活，做起事來會更有效率。

心理學堂

運動帶來的好處

除了使得身體跟大腦都變健康，運動還有什麼好處嗎？

1. 運動可以釋放壓力：運動會促進人體釋放負責調節情緒的化學物質，進而幫助你減緩壓力。若是你每天被課業壓得喘不過氣，又沒時間運動，其實可以藉由爬樓梯達到運動的效果，就算只是五到十分鐘也沒關係，重點是有意識的開始訓練自己養成運動習慣。

2. 運動讓你變得快樂：除了紓壓之外，運動也會讓身體釋出與快樂相關的化學物質，讓你保持好心情。長遠來看，運動還有助於改善抑鬱和焦慮症狀。不過，在這個過程中，你必須訓練自己的意志力，持續維持運動的習慣，千萬不要輕易放棄喔！

所以，千萬不要小看運動這件事，如果你想要生活過得更美好，培養運動習慣一定會有所幫助！

適度負能量能帶動學習？

長期感到快樂的學生，在面對短期負面情緒事件時，反而能將其視為一個挑戰或成長的機會！

求學的過程中，我們總會面臨不同的挑戰與困難，像是課業成績、人際關係、自我認同，然而，換個角度想，每一個挑戰也都是一次反思以及成長的機會。回想過去，你都是怎麼面對生活中的挑戰呢？如何調整自己的心態來面對困難呢？

成績與情緒有關係？

我們可能直覺認為只有正向情緒才有助解決問題，並幫助自己成長，但其實適當的負面情緒也有助於增進學習動力！心理學教授艾琳・巴克（Eileen Barker）發現：「**偶爾有些負面情緒，學業成績才是最好的。**」

負面情緒對成績的影響 小實驗

為驗證前述發現，艾琳・巴克找來一百八十七位大學新生參與研究。

◆進行方式

從大學一年級開始到四年級，每隔一段時間就請他們評估一次最近的生活狀況與情緒，評估問題為「**請問你在最近十四天中，有以下好或壞情緒的天數有多少？**」，好的情緒像是：快樂、有趣、自豪；壞的情緒像是：心痛、敵意、懊惱，同時，也請他們將過去體驗到的這些情緒事件記錄下來。另外，研究者也會透過校方，取得這些學生每年的學業成績資料，並將他們的成績與情緒進行比對。

◆實驗結果

研究結果發現：整體來看，學生在大二時成績會變差，但在大三、大四時就會轉好。研究過程中的情緒紀錄，把學生分成「**長期快樂**」與「**長期不快樂**」兩群，會發現長期快樂的學生在高年級時成績較好，這結果不令人意外。有意思的是「**短期負面情緒事件對成績的影響**」，研究發現，對長期不快樂的學生而言，負面情緒事件愈多，學業成績就愈差；但對長期快樂的學生而言，負面情緒事件愈多，成績反倒愈好！

把負面情緒轉成正能量

壞事發生愈多，成績反而愈好，這是什麼道理啊？原來負面情緒不只帶來不好的影響，有時也會有好的影響。遇到負面情緒事件時，快樂的人較常認為這是個挑戰的機會，進而有較多的學習與成長；而不快樂的人則可能認為這是一個打擊，因此沮喪退縮，產生消極的學習心態，成績便每況愈下。若能將負面情緒視為一個挑戰或成長的機會，你會更有動力去解決遇到的困難，並因此產生正向的情緒。簡單來說，你如何看待負面事件將會影響到你是否快樂。

成長型思維

本研究讓我們知道，遇到困難時，不要因為害怕失敗而消極面對，應該保持正向態度看待事件並積極去解決，這與心理學家卡蘿．杜維克（Carol Dweckn）提出「**成長型思維**（Growth Mindset）」的概念類似。擁有成長型思維的人，通常認為自己的能力、資質、技術可以靠後天的努力來加強，而並非天生無法改變的。這什麼意思呢？舉例來說，今天數學考試不及格（負面事件），成長型思維的人會認為，自己只是還不夠了解三角函數的概念而已，只要多加練習相關的題目，就可以學會了，他們並不會因此認為自己不夠聰明或是天生不擅長數學才考不及格。擁有成長型思維讓我們不怕犯錯，勇於接受未知的挑戰，因而提升成就感與幸福感。

心理學堂

培養成長型思維助你迎難而上！

建立成長型思維不僅只是為了獲取更好的成績，它更能幫助你在未來遇到更大的人生挑戰時，幫助你繼續向前。那要如何練習成長型思維呢？以下幾個小撇步提供給你參考：

1. 承認並接受不完美：追求完美容易感到壓力，接受自己與他人的不完美，讓我們能發覺每個人的獨特，就像瑪麗蓮夢露臉上的痣，看似不完美，卻因此讓她變得獨特、有辨識度。

2. 告訴自己只是「還不會」而不是「不會」：遇到讓你挫折、有挑戰性的任務，可以在心裡不斷告訴自己，你只還沒想到解決的方法，只要再多花一點時間跟心力，便能有所進展。

3. 看重過程大於結果：在看待每一件事件時，與其糾結在自己為什麼成功？為什麼失敗？你應該問自己：「我是否在過程拼盡全力了？」、「我是否享受這個過程？」當你看重過程時，你會因此投注更多努力，結果也會因此變得更好。

犯錯能幫助我們學習？

犯錯，需要與正確答案有一定的意義連結。

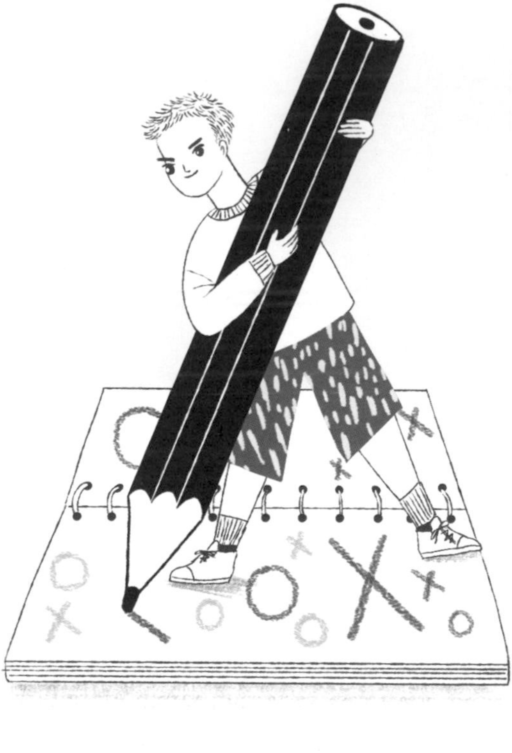

在上課前，老師常會要求學生事先預習，先讀過內容後再來上課，會記得比較清楚。但大家或許會懷疑，都還沒上過課，對於內容一知半解、似懂非懂，先行閱讀真的好嗎？會不會理解錯誤，反倒更糟糕？

有意義的錯誤幫助記憶

一般來說，追求正確答案當然是很重要的，但若過於聚焦在結果是否正確，或許會使得我們在學習過程中，為了避免犯錯，以至對於錯誤感到恐懼，例如害怕自己問的問題不好而不敢舉手發言，或者是擔心自己回答得不夠好而不敢回答老師的提問，這些都是很多學生會有的情況。

可是，犯錯真的一點好處也沒有嗎？我們到底該如何看待「**錯誤**」這件事？是寧可不做就不會犯錯，還是即使犯錯也無妨呢？

一項研究表示：「**在學習過程中犯下有意義的錯誤，有助於記憶並找**

到正確答案。」而且這樣的現象不僅發生在年輕人身上，對老人家也一樣有效喔！

犯錯與學習成果 小實驗

加拿大心理學家阿德里安．西爾（Adrien Hill）對「**犯錯與正確答案間的關聯性**」感到好奇，因此邀請六十五位健康年輕人和六十四位健康老年人，進行單字學習作業。

◆進行方式

在學習過程中，電腦螢幕上會出現許多單字，參與者要盡量把所有單字都記下來。

單字出現時，會有兩種不同提示方法：一種是根據意義來提示，例如當單字是Rose（玫瑰）時，提示就會說這是屬於「**花朵**」類別的單字；

另一種則是與單字無相關意義，而是針對字首字尾來給提示，例如當單字是Rose（玫瑰）時，提示就會說這是一個以ro開頭的單字。這有點類似中文字的部首概念，屬於草部的字有苦、芳、荷等。

每位參與者會經歷不同的引導方式學習單字，分別是「**提示後給答案**」及「**提示後猜猜看**」。「**給答案**」是指給予該單字的提示後，立刻顯示單字，例如先提示是花朵類或ro開頭的字，接著立刻顯示是玫瑰；「**猜猜看**」則是給予提示後，要參與者先猜猜看是什麼字，猜過兩次後再顯示正確單字。

◆實驗結果

經過一段時間後，所有人都要進行記憶大考驗，看看他們記得多少顯示過的單字。結果顯示，**對於根據意義來提示的單字，先猜猜看會對之後的記憶有明顯的幫助**；但對於無相關意義的提示，進行猜猜看反而會有不好的影響，會記得更差，而且不管是年輕或老年受試者，都出現一樣的現象。

一切都和記憶組織有關！

為什麼會出現這樣的實驗結果呢？這或許跟我們的記憶組織方式有關，**人們的記憶在形成組織時，是依賴那個單字所代表的各種意義組合而成**，所以同類別的單字就會被歸類在一起。

例如當你想到「**香蕉**」這個字詞時，你的頭腦更容易想到另一種水果（像是蘋果），而不是一個看起來相似的字詞（像是香菇）。因此，單字的意義歸類對於記憶是很重要的，如果在一開始時，先根據意義類別進行猜測，大部分更能有助於之後的記憶喔！

所以，當我們在閱讀似懂非懂的內容時，可先推敲看看整個內容概念是什麼，而不是一開始就一定要了解所有細節，像有些單字看不懂的英文文章，不見得要把每個單字都查完意思後再閱讀，先大致閱讀後再詳讀，就算過程中犯了一些錯誤也沒有關係，意義在於建立有助於記憶的資訊連結，這樣反而會有更好的學習效果喔！

不過，值得注意的是，犯錯是需要與正確答案有一定的意義連結，胡亂猜測反而出現負面的學習效果。

心理學堂

手寫筆記增加印象

除了先推敲之外，手寫筆記也能增加印象——但這筆記的重點，並非將上課內容逐字逐句寫下來，重點是要經過自己的理解與組織。

手寫筆記的內容可能寫得不多，但這不代表你記得的內容不夠多、不夠好，因為筆記的內容是「重質不重量」。如果大家可以在理解重要的概念後，再以自己的話簡單扼要寫下來，學習效果會比較好喔！

一步一步把自己推向目標

了解環境與行為的關係，
就可以透過適當調整環境結構，
使自己更容易做出正確選擇。

你是否也有以下煩惱——心裡明明想著應該利用時間去運動或閱讀，但就是不想行動，就算產生了罪惡感，也選擇忽略它？或者明明知道應該少吃甜食，卻還是被珍珠奶茶或甜點誘惑，不小心又破戒了？

提升自我控制的方法

我們常會選擇短期、令人愉悅、具有吸引力的選項，而不是選擇長期更有利的選項，這是人類的天性。要克制欲望、放棄令人舒適的選擇，需要高度的自我控制，但自我控制很難在短期內快速提升，這時我們可以透過外在因素來幫忙自己，包括對環境進行設計與調整，就可以加強我們的自我控制喔！

這個概念稱為「**自我輕推**（self-nudging）」，也就是**人們可以透過設計和建構自己的外在環境，來降低自我控制的失敗率**，從而使自己更容易做出正確選擇，實現最終長期目標。

外在環境設計與達成目標 小實驗

那麼我們可以怎麼設計環境呢？有一項研究就發現，某間公司的員工喝飲料的次數太過頻繁，大部分的人都習慣渴了就到販賣機投幣買飲料，喝入過多糖水，不利於身體健康。

◆進行方式

因此研究者在沒有做任何健康宣導、也沒有減少販賣機的情況下，只是在販賣飲料的地方放了瓶裝水，讓口渴的人隨處都可以看到飲用水，希望這樣的設計能讓大家選擇較健康的生活方式。

◆實驗結果

一段時間後發現，大家購買飲料的次數確實降低了，直接拿瓶裝水來喝的情況增加——這就是一個很好的自我輕推例子，也就是不需說教、不需減少販賣機，只要做到夠好的環境設計，同樣可以達到目的。

簡單設計自我輕推計畫

自我輕推可以簡單分成兩大步驟：首先必須了解環境與行為的關係，**觀察環境中有哪些因素會影響決策**；接著，「**適當調整環境結構**」，幫助自己做出符合長遠利益的選擇。

以運動為例，若你希望可以每週慢跑三次，這個目標卻會因為時間分配、路線規劃、天氣等外在因素影響，那麼你可以先設定好通知，透過手機設定運動時間，時間到了就會通知你去慢跑；並且想好固定的慢跑路線，以及如果下雨該在室內做什麼運動等。換句話說，就是設計一些策略來把自己推向自己想要的方向。

小妙招看這裡！

此外，自我輕推有以下幾種方法，大家也可以試著做看看：

1. **使用提醒和提示**：透過便利貼或手機訊息通知來不斷提醒自己。例如汽車駕駛可在車門把手上貼一張「**用右手開車門**」的便利貼，提醒自己使用離把手較遠的手來打開車門，以便檢查車子後方是否有行人或機車通過，避免危險。
2. **減少造成阻礙的事物**：事先排除可能出現的阻礙，使計畫執行變得更容易。例如想要減重，那就把零食擺在不顯眼的地方，甚至不購買零食，來降低自己看到零食就嘴饞的次數。
3. **公開承諾自己的目標**：公開承諾會帶來一定程度的社會壓力，可以增強動機與責任感。例如可以跟家人和朋友說，如果自己未按時完成功課，就不能玩遊戲跟看漫畫；在話已說出口的情況下，會促使自己努力完成。

推向更大的計畫

自我輕推概念還可以延伸擴及更大框架，像是政策的制定。

舉例來說，若主管單位意識到長期攝取油炸食物會有害健康，就可以通過政策鼓勵餐廳和超市調整食物的擺放位置，把蔬菜、水果等天然健康食物放在與眼睛齊平的架位；另一方面，把油炸食物、甜點等擺放在較遠的角落，如此一來，就可以增加大家選購健康食物的目標囉！

同樣的，若政府想鼓勵市民運動，可以增設自行車租借系統、規劃自行車道，這樣一來，降低市民運動的阻礙，會有助於大家嘗試運動。

心理學堂

從生活周遭改變起

透過自我輕推的方式，會比嚴格要求自己執行計畫的苦行僧模式容易多了，因此大家可以試著評估有哪些會影響目標的因素，應用自我輕推的策略與方法，就能慢慢改變自己的行為，一步步達成所設定的目標，讓自己變成更美好的人囉！

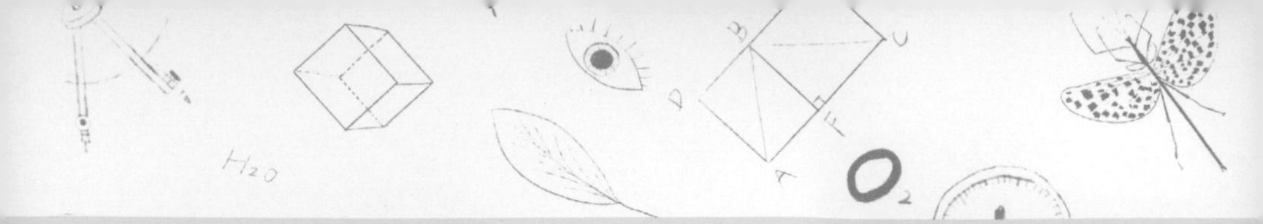

PART 4

活用心理學，讓學習更高效

數學焦慮怎麼辦？

審視自己內心的恐懼，勇敢將它表達出來吧！

在學校教的課程中，你是否有最害怕或最討厭的科目呢？有些人害怕或討厭某個科目的程度，嚴重到只要一想到要考試，就會感到焦慮不安，因此老師通常會建議同學採用分散注意力的方法，試著讓自己放鬆，但除了這個方法外，還有其他策略嗎？

你也有數學焦慮嗎？

以讓大多數人都很頭痛的數學為例，很多學生光是想到它就覺得害怕，甚至把它視為敵人。

前述狀況心理學家用「**數學焦慮**」來形容這種討厭，甚至是害怕數學的情緒，是指人們在需要使用數學方法來解決問題時，所產生的負面反應，這種反應從輕微的挫折感，到引發嚴重的心理壓力皆有。

數學焦慮會影響學生在數學成績上的表現，甚至影響到未來對職業的選擇，幸好心理學家提出克服焦慮的方法：「**花十分鐘明確表達自己的恐懼感，或許能降低數學焦慮的帶來影響。**」換句話說，有時候面對焦慮，反而能帶來更好的效果！

焦慮的來源和影響

大家有沒有想過，為什麼會對數學感到焦慮呢？我們來分析一下可能的焦慮來源吧！

首先，數學有絕對的對與錯，沒有任何僥倖餘地，這可能會讓你擔心自己表現不佳；其次，老師的教學方式也很關鍵，若老師對於學生數學成績的要求很高，卻未提供足夠的動機引導，就容易導致學生對數學產生焦慮與逃避感。

最後，文化預期也是來源之一，例如我們的社會可能存在著「**女孩天**

生就不擅長解決數學難題」的刻板印象，這也會導致女孩更容易產生焦慮情緒。

不過，為什麼焦慮會導致數學成績不佳呢？這是因為我們的大腦在解答數學題目時，會持續進行重新組織和排列腦中資訊，但焦慮會使大腦運用效率低落，讓我們難以集中思考眼前的數學問題，連基本運算都可能會出錯。

考試與表達焦慮 小實驗

心理學家拉米雷斯（Ramirez）和貝洛克（Beilock）針對高中生進行了一場實驗，他們在期末考前的六個月，測量學生對於考試的焦慮程度，然後分成「**表達組**」與「**一般組**」。

焦慮的學生，反而有比較好的數學表現。

　　進一步探究原因，可能是他們啟動了控制負面想法的大腦區域，審視自己的內心恐懼，像是鼓勵自己將考試視為一項挑戰，而不是一種威脅，並告訴自己這種恐懼不是因為自己能力不好，如此一來，就有可能透過理性，來控制自己對學習的恐懼。

心理學堂

面對恐懼才能解決問題

因此，學習任何科目讓你感到焦慮時，都可以先思考一下，為何會產生焦慮的原因，並且試著透過文字或言語表達出來，這樣一來，多少可以緩解焦慮，不會再感到那麼痛苦。

這也告訴我們，要勇敢面對自己的恐懼，一味閃躲或刻意忽視並不是好方法，要先面對內心問題，才能真正解決問題啊！

勢，**因此學習如何與之好好相處，才是解決分心問題的更好策略**。

雖然生活在令人分心的環境中，但我們必須學習控制自己的行為，以專注於真正重要的事情上，這樣不只是對學習有幫助，對於生活各方面都會有益處，畢竟除了電子產品之外，生活中有太多事物可以偷走你的注意力。

分心對大腦的影響

在了解並學習如何保持專注力的策略之前，得先知道分心是如何對學習產生負面影響。

首先，我們必須了解**大腦的精力是有限的，當我們持續在不同任務之間來回切換，很容易導致精神疲勞**，例如你在寫英文作文時，回覆訊息跟朋友聊天，過程中語言及思考主題的切換，都會消耗大腦精力；而且在你回覆完訊息後，也需要花費較長的時間，才能再回到寫英文作文的狀態，因為你必須拉回注意力，重新熟悉寫作內容。

在大多數情況下，我們的大腦無法同時執行兩項複雜的任務，只能進行簡單的多工處理，也就是手上的兩項任務都非常簡單，不會占用到相同的認知資源，像是我們可以在折疊衣物的同時，觀看電視的天氣預報。

不過，傳送訊息、寫作業、發 Instagram 貼文、線上購物、聽講座等，這些都無法同時進行，因為每項任務都需要高度認知處理，且需要使用到同一個大腦區域，也就是額葉前皮層。因此，大家得先認知到自己的學習過程，是否受到這種多工處理導致容易分心，才有動力去改變，否則分心的問題會一直存在。

心理學堂

改變從了解自己開始

當我們愈早學習如何專注、不再分心，這對將來面對不同的事物時都會有所助益，而不只是學生時期的學習效果而已喔！

所以，從今天起，大家開始注意生活中有哪些會讓人分心的事物吧——要改變，就從覺察自己開始！

小作弊引發的大問題

對作弊行為的容忍度，可能影響到日後職業生涯中，對職場上不道德行為的容忍情況。

我們都認為自己是個正直善良的人，但有時會發生一些狀況，讓人不知如何是好，例如你看到有人作弊或不誠實時，會向老師舉發嗎？

作弊的影響

有些人認為作弊是不對的，就算可能會得到不好的成績，也不願意當一個不誠實的人；有些人覺得作弊沒什麼大不了，反正又不是只有自己會作弊；有些人則害怕自己成績表現得不夠好，就算知道這是不對的，仍選擇冒著風險作弊。

除了背後的原因百百種之外，這些對於不道德行為的態度，也會影響到日後職場的行為喔！一項研究就發現：「**學生對作弊行為的容忍度，很可能影響其後的職業生涯，像是對於職場上不道德的商業行為視而不見，或出現直接參與掩蓋這些不當事件的行為。**」

學生時期作弊與職場不道德行為 小實驗

行銷學教授格倫・布羅多斯基（Glen Brodowsky）與團隊人員，對於學生作弊的影響力感到好奇，他們想知道，如果學生時期可以接受教室裡的作弊行為，等到工作後，是否也會容忍職場上的不道德行為，以及是什麼因素塑造了這些態度。

◆進行方式

為了找尋可能的解釋，他們邀請兩百五十位參與者進行調查研究，每個人都必須完成一系列與道德有關的問卷，評估自己對於職場上不道德行為的容忍程度，以及對於考試作弊的態度，問題包括：「**若公司管理者因涉入不道德行為而得到個人好處，他就應該被開除**」、「**只要是合法的商業行為就是道德的**」、「**在考試中作弊是一種道德錯誤**」、「**向已知道考題的人詢問內容算是作弊**」。

除了自己的道德感之外，還有什麼原因會影響對作弊的看法呢？研究者認為「**個人主義**」和「**集體主義**」在決策過程中扮演重要的角色，因為它們決定人們如何以最大化利益的方式解決衝突。

「**個人主義**」是指以個人利益做為優先考量，「**集體主義**」則是以群體利益做為優先考量，有時甚至會犧牲個人利益以維持群體和諧。因此每個參與者也必須填寫量表來看看自己是偏向個人或集體主義，問題包括：「**我與他人的人際關係比我個人的成就更重要**」、「**我享受自己的與眾不同**」等。

◆**實驗結果**

結果發現，如果學生時期較能容忍作弊，之後在職場上也比較能容忍不道德行為，而且偏向集體主義的人對於作弊的容忍程度更高，也就是說，他們更有可能放任作弊行為發生，像是因為重視群體和諧，所以不會舉發作弊者，畢竟這會讓關係變得很難堪；或是面臨家庭壓力，被要求取得好成績時，就可能會有作弊的行為。

影響作弊的因素

從這個研究可以了解，人的行為並非只受到個人因素影響，人們的家庭與文化環境也會產生一定程度的作用，多加意識到這些外在因素的影響，就愈能理解自己，並且減少這些不道德行為。

除了文化因素之外，睡眠不足也會對道德行為產生影響，因為勞累的人自我控制能力較低，所以更容易選擇作弊。由此審視臺灣教育現況，從清早開始，學生還在昏昏欲睡的狀況，就得面對各種考試，許多小小的不道德行為就會比較容易出現囉！

表現誠實小妙招

既然有一些外在因素，可能使我們較為不道德，那有沒有可以讓人變得誠實的方法呢？當然有，只要是能夠引發自我反省的小技巧，都會讓人表現正直喔！

1. 若我們知道自己正被觀看注視，就會表現得比較誠實，即使只是看似微不足道的方法也有效果，例如放一面鏡子或眼睛圖片，或者回憶過去的不道德行為，都會減少作弊行為。

2. 「**寫下告誡**」也能降低不道德行為發生的機率，就算之後不記得內容也沒關係，甚至是只在考卷頁首標上一條短短的榮譽準則聲明亦有相同效果，這種現象被稱為「**提醒效果**（mere reminder effect）」。

心理學堂

時時自我提醒

「勿以惡小而為之」這句古語有其道理，有時我們會覺得小小違規不會有太大影響，但其實長期累積下來，可能會為日後的觀念與行為埋下不好的種子。因此，我們可以做的便是覺察自己的行為與態度，如此才能盡量避免可能會發生的不好後果啊！

塗鴉有助提升記憶力

適度的塗鴉可以降低人們大腦自動屏蔽程度，幫助我們保持一定程度的注意力。

每當上課或演講內容太無聊，你通常會做什麼事情呢？很多同學會在課本上塗鴉，把書中圖案變成完全不同的樣貌——雖然沒有專心聽講不太好，但塗鴉並非一無是處，甚至可能會有助於學習呢！

塗塗畫畫讓我們保持專注？

一項研究就發現：「**塗鴉有助於人們保持專注力與提升記憶力，使我們可以持續從事無聊但必要的任務。**」這是怎麼回事呢？原來，當我們進行無聊的工作時，可能會開始分心，導致任務執行效率變差，但無聊的工作就是很難令人保持專注，到底該怎麼辦呢？

心理學家傑基．安德拉德（Jackie Andrade）找到一個簡單又能幫助人們維持專注力的方法，那就是塗鴉！但乍看之下，塗鴉是一種不專心的表現，為什麼能夠幫助我們專心，甚至提升記憶力呢？

塗鴉與記憶力 小實驗

◆進行方式

心理學家傑基．安德拉德邀請四十位參與者，隨機將他們分成「**塗鴉組**」及「**一般組**」。

每個參與者都必須聽一段約兩分鐘的電話錄音，內容是一段冗長對話，討論有哪些成員將參加生日聚會，而參與者被告知只需要記錄確定出席或可能出席的八位成員名字。

錄音內容大致如下：

「這週六是我妹妹珍的生日，她剛好這週末會從倫敦回來，所以我想給她一個驚喜，我也邀請了她的男朋友威廉，以及她的老同學克萊爾——但她還沒確定是否可以參加。而克萊爾的丈夫奈及，本來可以一起前來，但他臨時需要去班戰斯這個地方開會，所以可能趕不回來⋯⋯」

這段話雖然簡短，卻有著不少初次出現的資訊，就像是上課第一次所聽到的內容一樣。

被分配到塗鴉組的人，會拿到事先設計好的紙張，上面列出一排排方格與圓圈形狀，他們必須在聽錄音內容的同時，用鉛筆塗滿這些形狀，但不需要太注意精準度，畫出線外也沒關係，紙張上還有預留空白位置讓他們做筆記——就像是在課本圖案上加工塗鴉一樣。

一般組的人，則是會拿到普通的白紙，讓他們隨意使用。

研究者會使用事先設計過的塗鴉紙，是為了避免塗鴉組過度注意自己的塗鴉，反倒難以專心聽錄音內容；而透過描繪簡單形狀的方式，可以模擬人們在感到無聊時，不自覺開始寫字或塗鴉的情境。

◆**實驗結果**

錄音播放結束後，所有參與者必須回想八位參加聚會的成員名字，也必須回想八個在對話中被提及的地名。

結果發現，塗鴉組記得的人物與地點，比一般組高了百分之二十九，他們平均回想起七點五個人物和地點名字；而一般組只有五點八個。

塗鴉能降低大腦自動屏蔽程度

這樣的結果跟一般人的想法正好相反——大家可能會覺得，塗鴉不是更容易讓人分心嗎？為什麼反而能記得更多人物與地點資訊呢？

塗鴉之所以能夠使參與者更專心聽電話錄音，似乎是因為可以降低人們大腦自動屏蔽程度。研究者故意將電話錄音內容設計得很無聊，就是為了模擬我們在日常生活中會遇到的無聊任務。

人們在感到無聊時，大腦就容易開始神遊，就算耳朵聽到聲音，卻沒有真正將內容聽進去；此時，適度的塗鴉恰巧可以幫助我們保持一定程度的注意力，避免我們完全分神，這也是塗鴉組能夠記下更多電話錄音細節的原因。

心理學堂

適度塗鴉才恰當

因此，隨手塗鴉看似浪費時間又不專心，卻能夠幫助我們保持專注力、提升記憶力，讓我們更有效率執行無聊但必要的任務。若下次在上課或聽演講，發現自己漸漸無法專心、思緒開始飄飛時，不妨開始試著塗鴉，讓大腦努力幫助你記憶跟專心。

不過，這可不是鼓勵你在課堂上一直畫畫，若是太過專注於塗鴉，那就真的變成畫畫課，記憶效果會很差的。所以，這只是恍神時的緊急因應方法，你可別一上課就開始畫畫唷！

不同環境的學習記憶更深刻

當學習和復習處在不同的環境時，
所背誦的單字會被凸顯出來，
自然可以記得比較清楚一點。

每天在學校上課總能學習到許多知識，而且必須藉由多次復習才能記得牢。一般人傾向尋找一個固定環境念書，例如在自己的房間、圖書館或是學校，認為這樣比較容易專心，讀書效率比較好——但真的是這樣嗎？

環境會影響考試成績

除了學習環境之外，還有一種說法是：如果讀書跟考試場地一樣的話，就可以獲得比較好的考試成績。

不過，考試成績的好壞真的跟考試場地有關嗎？照道理說，應該是跟了解和記住多少上課內容比較有關係吧？

心理學家也很好奇這個問題，而且透過研究發現，就算只是背誦單字，所處的環境確實會影響考試成績喔！

在哪念？在哪考？大有關係！

一項心理學研究就邀請一群潛水員，穿戴潛水裝備背誦單字。首先，一組人必須一邊潛水一邊背單字，另一組人則是在陸地上背單字；接著，有些人在陸地上考試，另一部分則必須潛在水裡接受考試。

研究者設計出這麼特別的背誦跟考試方式，就是想知道「**環境是否會影響學習記憶**」——潛水背單字跟考試都比較麻煩，因此成績應該會比較差吧？

沒想到，結果出人意料，只要背誦跟測驗單字的環境一致，成績就會比較好，跟有沒有潛水是沒關係的。也就是說，即使你是潛在水裡背誦單字，只要考試時也同樣在水裡，就最能夠展現出學習效果喔！

這也難怪有人覺得在教室裡讀書會比較好，因為考試總是在教室裡進行嘛！

相同環境 vs. 不同環境的學習效果 小實驗

不過，上完課需要復習，總不能一天到晚都到教室裡讀書吧？而且學習知識就是希望能在各種情況下運用，總不能踏出教室就不記得了。因此，心理學家又發現，**在不同環境下復習，才是最好的學習策略喔！**

◆進行方式

研究者準備了兩個風格和擺飾都截然不同的房間，接著邀請十六位學生進行記憶測試。

首先，所有人在兩分鐘內看到四十個沒學過的英文單字，經過三小時後，再看一次相同的單字。前後兩次的學習，有可能是在同一個房間，也可能在不同房間；在第二次學習後三小時，受試者被帶到第三個房間接受記憶測試，看看前兩次學習與復習內容還記得多少。

◆**實驗結果**

研究結果發現，如果兩次是在同一個房間學習的話，受試者在四十個單字中，平均會記得十六個；但如果是在不同房間學習的話，平均可以記得二十四個，足足提高了百分之四十！

換句話說，在不同環境中學習跟復習，記憶的效果是明顯較好的！

學習與環境的祕密

心理學家認為，環境之所以影響記憶，是因為人們在學習時，會把所學內容跟整個環境一起編碼，也就是說，人們會將單字跟環境訊息做連結，而不是只背誦單字而已。因此，如果每次**讀書與考試都處於同一個環境**，就會有比較多的資訊來協助連結，這樣一來，**想起來的機率就比較大**。

如果學習和復習都處在不同環境，就變成兩種編碼，種是「**單字＋A房間**」，另一種是「**單字＋B房間**」，這兩種編碼的共同資訊就只剩下單字，所以單字會被凸顯出來，自然可以記得比較清楚一點。之後，如果在其他地方要回憶背誦的單字，也會比較容易喔！

心理學堂

靜心才能專注

透過前述研究可知，環境和學習記憶效果是有關聯的，但這也不是建議大家念書時頻繁更換地點，而是想提醒大家，不需要堅持在固定地點學習，在學校上完課後，有時也可以試著換個環境復習來增加記憶力，但最重要的還是你要能靜下心來讀書，才能真正將課本的知識吸收進去！

H_2O
O_2

$m_l = \frac{1}{2}\sqrt{2a^2+2c^2-b^2}$
H_2
a^2+b^2
O_2

PART 5

轉個念，生活學習更自在

親情的祕密

根據研究顯示，有近八成的父母，在花錢時會不知不覺傾向於和自己同性的孩子。

每年母親節的時候，很多人會趁著這個重要的時刻，買禮物、寫卡片或打電話給媽媽，透過不同方式表達自己對媽媽（家長）的感謝，以及回顧過去一年來彼此相處的過程，不過你可知道，家長與孩子之間的相處，其實藏著許多大家都沒注意到的祕密？

和媽媽感情好的原因

一般來說，孩子通常跟媽媽的感情比較好，除了父母在傳統家庭角色上的分工差異之外，是否還有其他不同的細微舉止影響了這個結果呢？

答案是「**有的**」，英國發展心理學家安娜．阿茲娜（Ana Aznar）的研究就發現：「**母親與孩子的對話中，更傾向使用包含情感的話語和內容。**」而這項差異確實使得母親與孩子間的情感連結比較深刻。

爸爸 vs. 媽媽親密度 小實驗

英國發展心理學家安娜．阿茲娜邀請六十五位西班牙母親和父親，以及他們的四到六歲孩子（男女約各半），來參加「**說故事任務**」。為了控制家庭狀況與教育程度的影響因素，這些參與者都擁有大學學歷，家庭組成完整，皆為中等到中上階層的社會經濟地位。

◆進行方式

在說故事任務中，研究者先給予父母親相關的情境元素，像是故事中的角色、環境（例如：爸爸媽媽回家了、狗狗跑出去了），接著父母必須盡可能描述情境中所發生的情節，而孩童也需要利用類似的方式講述故事。

◆實驗結果

分析父母親講述的故事內容後發現：母親比父親更常使用情緒性單

詞，例如快樂、悲傷、擔心等；若進一步將擁有女兒及擁有兒子的母親兩者相互比較，前者所使用的情緒性單詞更多，而這樣的現象也影響到孩子的語言發展，女孩似乎因此比男孩使用更多的情緒性單詞。

這或許可以解釋為什麼女童比男童更具情感智慧（EQ）——親子間的語言互動可能讓女孩比男孩更擅長表達及處理自己的情緒，使她們在工作中具有優勢，更善於溝通上的應對進退。此外，或許是因為媽媽跟孩子講話比較富有情感，所以親子之間的情感連結也會比較深刻。

父母送禮時的偏心

如果媽媽對女兒講話時，會不知不覺使用更多的情感性詞彙，那是否也會對女兒比較好呢？心理學家就發現：「**大多數父母在花錢時，會不知不覺偏心同性的孩子。**」

社會心理學家克里斯蒂娜·杜蘭特（Kristiña Durgnte）邀請兩百五十位平均年齡三十五歲的參與者，其中一半男性，一半女性。

研究者要求參與者想像自己有一個兒子和一個女兒，同時擁有新臺幣約一千五百元的禮物卡，接著參與者必須回答以下兩個問題：「**如果你只能將這張禮物卡給其中一個孩子，你會給誰？**」、「**如果你可以分配禮物卡的現金額度，你會如何分配？**（研究者沒有提供平分的選項）」

實驗結果發現，將近七成的女性選擇送給女兒，超過六成的男性選擇送給兒子。

一切都是無意識惹的禍

為了進一步研究這樣的現象，研究人員在一座動物園進行了另一項實驗，這次他們針對五十二組真的擁有一對兒女（平均年齡約七歲）的父母進行調查。

研究人員假裝正在進行動物園的滿意度調查，若父母協助填寫問卷，將有機會獲得抽獎券，禮物是男童或女童背包，但父母必須事先決定抽取哪一個性別的背包。結果發現：百分之七十五的母親選擇了女童背包，百分之八十七的父親則選擇了男童背包。

儘管研究中有超過百分之九十的人表示他們會平等對待不同性別的孩子，但實驗結果卻發現，大多數父母在花錢時會不知不覺傾向於同性的孩子。這並非故意偏袒，而是人的行為有時就是會受到無意識的影響，因此可能會有一些連自己都沒發現的行為。

心理學堂

手心手背都是肉

話說回來，教養孩子是長期的過程，不該由幾個行為就斷定是否偏心。或許在金錢或某項禮物上的選擇會偏向某個孩子，但在其他方面的對待，說不定反過來呢！

只是人們常常記得對自己不利的情況，而把對自己的好視為理所當然，因此才會有抱怨父母偏心的情況。對大部分父母來說，手心手背都是肉，只是在選擇怎麼樣對孩子來說最好時，總有些時候會跟孩子的期待有所出入！

我與我的對話給了未來幫助

強化與「未來的我」的連結，
就比較願意做一些規劃來幫助未來的自己。

你有沒有想過，如果有一天發明了時光機，你穿梭時光到了未來，遇見未來的自己後再回到現代，你覺得自己的生活會有什麼改變嗎？我們總是覺得未來還很遙遠，在不知不覺間會忽視未來對現在生活的重要性，直到自己年老後才悔不當初。為了避免這種情況，其實是有辦法喚起自己對未來的重視喔！

如果看到年老的自己……

一項研究發現：「**只要遇見年老後的自己，我們會更願意為自己的退休生活儲蓄喔！**」

心理學家浩爾．赫斯菲德（Hal Hershfield）就對「**人們看到自己變老後，行為或想法是否會因此有任何改變**」感到好奇，所以利用虛擬實境的技術（Virtual Reality，VR）捕捉人們的臉部特徵，並將其化為虛擬人物，讓人們有機會看見未來自己衰老後的模樣。

看到未來自己是否會產生改變 小實驗

心理學家浩爾．赫斯菲德邀請五十位平均年齡約二十歲的參與者，並隨機將他們分成「**現在組**」與「**未來組**」，現在組的人會看到與現在自己相似的虛擬人物，而未來組則會看到自己七十歲模樣的虛擬人物。

◆進行方式

參與者藉由虛擬實境裝置進入一個虛擬空間，裡面有一面鏡子可以看見虛擬的自己。研究者為了增強參與者和虛擬化身的連結感，要求他們必須花一分鐘的時間，以不同角度觀察自己在鏡子裡的模樣，並請參與者看著虛擬人像回答一些問題，例如「**你從哪裡來？**」、「**你熱愛什麼事情？**」。

結束虛擬實境的環節後，每個人都要進行一項資金分配任務，他們必須想像自己如果收到一千美元（約新臺幣三萬元）的話，會打算怎麼將資金分配給以下四個選項：**「買個好東西給特定的人」**、**「投資自己的退休基金」**、**「計畫一個好玩又豪華的活動」**、**「把錢存入帳戶」**。

另外，參與者必須填寫一份有關情緒的問卷，評估他們正向與負向情緒的程度，正向情緒包括成就、滿足、快樂等，負向情緒包括憤怒、焦慮、恐懼等。

◆實驗結果

上述實驗結果發現，看見年老自己的「**未來組**」，投資在自己的退休基金額度，竟是沒看見年老自己的「**現在組**」的兩倍之多，意即他們比較可以忍住現在不花錢，存起來等年老之後使用。

願意幫助未來自己的動機

為什麼會這樣呢？研究者認為，**當人們能跟未來的自己感覺更加緊密，現在的自己會更願意做一些事情來幫助未來的自己**。人們總有一天會變老，但「**知道**」和「**體認**」是兩回事，現在的我們總是認為未來還很遙遠，因此將大量的心力放在當下發生的事物上，甚至認為「**現在**」的價值大於「**未來**」。

事實上，未來的生活應該從現在就開始營造，除了累積退休後的儲蓄之外，人際關係、健康狀況也都是我們需要關注的議題。

心理學堂

幫助未來自己小撇步

那麼，到底有哪些方法可以幫助我們為未來做出一些改變呢？這邊分享一些不錯的方式，來給大家參考：

1. 預見未來自己的樣子：你可以想像當自己滿頭白髮、滿臉皺紋，未來的生活會是什麼景況？若要達到理想的未來生活，現在的自己又需要做哪些努力呢？當我們對未來的自己有更多感觸，便會更加願意為自己做長期規劃，創造美好的未來生活。你甚至可以利用 Instagram 的濾鏡特效，來幫自己更具體想像年老之後的模樣喔。

2. 強化與「未來的我」的連結：增加與「未來的我」的連結，

可以幫助人們做更多為自身帶來健康的運動，最簡單的做法就是寫一封信給二十年後的自己，思考你在二十年後會是什麼模樣？在這二十年中最在意哪些事情？你如何看待這二十年的生活？比起關注當下的人，與未來的自己連結較強的人，運動量可是多了一點四倍喔！這可能是為了讓未來的自己，能健健康康的活著吧！

3. 心懷感恩之情：很多人可能會因為無法看到立即的改變，而覺得未來很遙遠，所以忽略甚至不重視未來。如果我們可以試著讓自己心懷感恩之情，例如有意識關注令你感恩的事物，因為善於感恩的人更願意自制、等候未來能獲得更多的獎賞，所以能幫助自己更重視未來喔！

大自然的幸福魔法

接觸大自然能增加我們的活力與幸福感，顯而易見的使我們產生正能量！

你會留意生活周遭的自然景色嗎？是否會常到公園或郊外走走呢？現代人愈來愈忙碌，每日的生活通常是從家裡搭車到學校或公司，放學、下班後再以同樣的方式回家，一日舉目所見都是建築物，很少注意到自然景色，這樣很可惜，因為大自然可是我們幸福魔法的來源！

關注大自然帶來正向感受

大自然是最棒的禮物，多體驗、多感受可以讓我們變得更好，也就是說和大自然相處是前往幸福的直達通道，有研究顯示：「**多注意大自然可提升幸福感。**」

而且，不一定要在戶外度過幾個小時，或者在荒野中長途散步，其實城市中的路樹、空中的鳥兒或是鄰近的公園，就能對我們產生正面影響，這可能是很多人意想不到的喔！

實際走進大自然中 vs. 提升活力 小實驗

只要留意身邊的自然景象，就有助於有效提升正面的情緒，那實際走進郊外，對我們又會有什麼影響呢？心理學家理查德・萊恩（Richard Laing）發現：「**外出拜訪大自然會讓人感覺更有活力！**」

◆**進行方式**

萊恩與研究團隊在天氣舒適的秋天邀請八十位參與者，隨機分成戶外組與室內組。實驗開始前，所有參與者必須先填寫一份主觀活力量表，接著戶外組沿著綠樹成蔭的河道，以穩定的速度步行十五分鐘，過程間彼此禁止交談，以便專注在自己的體驗中；室內組則沿著走廊或隧道，同樣步行十五分鐘，避開與自然有關的景物。實驗結束後，參與者們必須再填寫一次主觀活力量表。

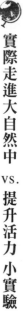

◆實驗結果

結果發現，在短短的時間內，戶外組竟明顯覺得自己活力提升，而室內組則無明顯改變。因此，萊恩認為戶外組所感到的正面情緒，主要是因為接觸到大自然。

大自然怎麼影響我們？

那大自然是怎麼影響我們呢？只要看到就好？還是一定要親歷其中呢？為了進一步了解大自然的影響力，萊恩又做了一個實驗。

這次他邀請九十七位參與者，隨機分成自然組與人造組。自然組會觀看一系列風景照片，人造組則是以建築物為主的照片，每張照片大約停留兩分鐘。過程中會播放錄音來引導參與者進入照片情境，讓他們在觀看的過程中能夠想像自己真實身處在場景裡；結束後，他們也必須填寫主觀活力量表。這次結果與第一個實驗相似，相對於人造組，自然組的活力感有明顯提升。

從這兩個心理學研究可了解，**接觸大自然能增加我們的活力與幸福感，不管是實際走進青山綠水或想像自然場景，都能有效幫助人們產生正面情緒**。

因此，無論生活多忙碌，我們都要練習撥出時間讓身體或心靈離開都市叢林，將注意力放在周遭的大自然上，每天就算只有短短的二十分鐘，都能有助於我們變得更快樂喔！

心理學堂

正向自然療癒力

如果不知道如何開始接觸大自然，不妨試試以下的自然生活小提案：

1. 有善利用通勤的時間：通勤的過程有時候會令人覺得無聊且浪費時間，與其發呆或是滑手機任由時間溜走，倒不如利用這段時間來欣賞周圍的自然景觀。如果你走在回家的路上，可以放慢腳步欣賞沿路的街景；如果你坐在去上班的公車或高鐵上，可以看向窗外藍天及綠地。

2. 建立中場休息的小習慣：我們每天不停的忙碌，很多時候都忘了按下暫停鍵，讓自己能夠中場休息。因此，若時間、空間允許，不妨利用工作的空檔去辦公室附近的公園走走，或是趁下課時間去校園繞一圈。

3. 動手打造自己的自然世界：如果你的生活模式很難讓你有機會接觸大自然，那不妨可以主動為自己的生活增添大自然的氣息。比如說，可以在辦公桌上放一些植栽，平時盡量將窗簾窗戶打開，讓陽光和微風透進來。若你不方便照顧植栽，你可以考慮透過布置來營造大自然的感覺，例如，在桌上或牆上擺上跟大自然有關的照片，然後播放有蟲鳴鳥叫或潺潺流水聲的音樂，想像自己彷彿置身在照片的情境中，讓心靈接近大自然。

好好說再見

讓每件事情有圓滿結束，能使新的階段更為積極且不留遺憾！

「**好好說再見**」是成長過程的重要課題，因為我們每隔一段時間，就必須告別某一階段生活，開啟下一階段旅程，例如從國小、國中到高中，不斷告別舊同學，再認識新同學；高中畢業後，甚至需要離開熟悉的環境，獨自到另一座城市開啟大學新生活的冒險。

人生階段轉換如何更正向？

在每次階段轉換過程中，我們都應該要好好結束，然後積極面對下一個階段。心理學家發現：「**如果我們有一個圓滿的結束，就愈能夠以正向積極心態，從人生的一個階段過渡下個階段。**」

所謂圓滿的結束（well-rounded ending）並不見得是結果非常順利、成功，而是指在事件即將結束時，感覺自己已經盡力做到一切可以做的事情，並且好好將事件收尾了。

階段轉換是否圓滿結束 小實驗

心理學家加布里埃爾．歐廷根（Gabriele Oettingen）與研究團隊，想知道人們在經歷過渡時期後，有哪些因素可讓新的階段有個好的開始，因此總共邀請了一千兩百零三位參與者，前前後後進行了七個研究。

◆進行方式

在前三個研究中，研究者請參與者回顧過往的轉換經驗，例如到國外當交換學生、從高中畢業等。參與者必須回憶這段經歷結束的過程、當時的感受與想法，並且評估對於結束過程感到的圓滿程度，以及事件後感受到正向情緒的程度、轉換的容易程度。

◆實驗結果

結果發現，在上一階段有了圓滿結束，可以帶來更正向的情感、更少的後悔，以及更順遂的過渡階段，例如那些覺得自己出國當交換學生經歷有了圓滿結束的參與者，除了有較高的正向情緒之外，對於錯過的機會也比較不會感到遺憾，並且更能適應回國的生活。

此外，那些認為自己有圓滿結束的高中生，對於開始新的生活感到積極，對於在學期間未完成的活動也不會有遺憾，並且更有效率的開始應對下個階段的挑戰。

圓滿結束的重要性

除了用回憶的方式之外，心理學家加布里埃爾．歐廷根與研究團隊在第四到第六個研究中，讓參與者在當下以圓滿或不圓滿方式，結束事件的體驗。

參與者必須先閱讀一則故事，其中講述一位虛構人物正面臨可預見的結局，例如即將離開家鄉去另一座城市、即將離開最好朋友的婚禮等。

結果發現，那些想像自己以圓滿方式結束事件的人（例如在婚禮派對中找到最好朋友並好好道別），會感到更加積極，對於未完成的活動也比較少感到後悔，更不會想採取行動彌補遺憾。

在第七個研究中，參與者則必須與另一個人，以一對一語音通話的方式來互相認識——他們在一開始就被告知，將有十分鐘的時間認識彼此。在圓滿結束的情境下，研究者會在剩下兩分鐘時提醒，並建議參與者讓對話能夠圓滿結束；而在不圓滿結束的情境下，參與者並不會收到任何提醒，對話自動在十分鐘時被切斷，也就是話沒還講完就結束了。

對話結束後，每個人都必須進行一項認知功能任務。結果發現，那些有了圓滿結束的人，在認知任務上表現更好，而這是一種階段轉換順利的象徵。

心理學堂

讓我們好好說再見

這些研究讓我們了解，以圓滿方式結束每個人生階段，是維持正向情感、人際關係與幸福感的重要基礎，它幫助我們以更積極、有建設性的方式開始新的階段。

因此，當我們在未來面對可預見的結束時，應該把握剩下的時間全力以赴，盡可能不要留下遺憾。「豈能盡如人意，但求無愧我心」，就是一種力求圓滿結束的正確心態。

希望本書的知識，可以陪伴大家用正向心情邁向下一個全新的階段，也祝福大家不管在哪個階段，都能擁有美好開始與圓滿結束。

國家圖書館出版品預行編目資料

轉個念,解鎖學習密碼：用心理學啟發學習力/蔡宇哲, 潘怡格著.
-- 初版. -- 臺北市：幼獅文化事業股份有限公司, 2023.01
面；公分. -- (科普館；14)
ISBN 978-986-449-277-0(平裝)

1.CST: 教育心理學

521 111017732

・科普館014・

轉個念，解鎖學習密碼：用心理學啟發學習力

作　　者＝蔡宇哲、潘怡格
繪　　者＝黃祈嘉
出 版 者＝幼獅文化事業股份有限公司
發 行 人＝葛永光
總 經 理＝王華金
總 編 輯＝林碧琪
主　　編＝沈怡汝
編　　輯＝白宜平
美術編輯＝李祥銘
總 公 司＝10045臺北市重慶南路1段66-1號3樓
電　　話＝(02)2311-2832
傳　　真＝(02)2311-5368
郵政劃撥＝00033368

印　　刷＝龍祥印刷股份有限公司
定　　價＝300元
港　　幣＝100元
初　　版＝2023.01
二　　刷＝2023.08
書　　號＝915027

幼獅樂讀網
http://www.youth.com.tw
幼獅購物網
http://shopping.youth.com.tw
e-mail:customer@youth.com.tw

行政院新聞局核准登記證局版臺業字第0143號

$E = mc^2$
O_2
$a^2 + b^2$

R =
mb = 1/2 √2a²+2c²−b²
O2
H2O
P = 3/V
y = a(x−b) 2+C
S
N
A
B
C